PETIT CLAUDE.

Tous les exemplaires non revêtus de ma signature seront réputés contrefaits.

EN VENTE

A LA LIBRAIRIE ED. BATAULT-MOROT.

LE BON PETIT ÉCOLIER OU L'ENFANT ET SES DEVOIRS, Second livre de lecture ; par l'auteur du PETIT CLAUDE ; in-18 cart.   » 40c.

Précis méthodique de l'Histoire Sainte, contenant l'ancien et le nouveau Testament, par M. l'abbé Batault, ancien professeur, in-18, cart.   1 fr. 50

ARITHMÉTIQUE à l'usage des écoles primaires, in-18, cart.   » 40

PETITE ARITHMÉTIQUE à l'usage des écoles de campagne, par un instituteur, in-18.   » 30

Beaune, imp. Ed. Batault-Morot.

PETIT CLAUDE

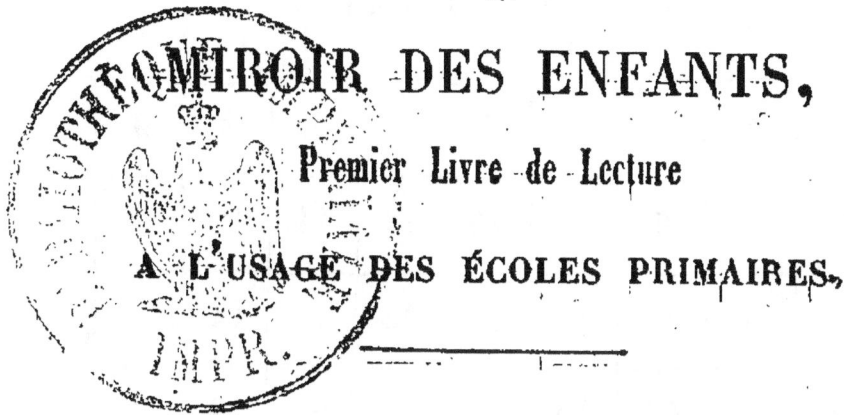

OU LE
MIROIR DES ENFANTS,

Premier Livre de Lecture

A L'USAGE DES ÉCOLES PRIMAIRES.

J'instruis les enfants du village, et les heures
Que je passe avec eux sont pour moi les meilleures.

Puis je pense tout haut pour eux, le cercle écoute,
Et mon cœur dans leur cœur se verse goutte à goutte

BEAUNE
IMPRIMERIE-LIBRAIRIE ED. BATAULT-MOROT,
place Monge, 20.

1867

TABLE DE PYTHAGORE.

1	2	3	4	5	6	7	8	9
2	4	6	8	10	12	14	16	18
3	6	9	12	15	18	21	24	27
4	8	12	16	20	24	28	32	36
5	10	15	20	25	30	35	40	45
6	12	18	24	30	36	42	48	54
7	14	21	28	35	42	49	56	63
8	16	24	32	40	48	56	64	72
9	18	27	36	45	54	63	72	81

PETIT CLAUDE

OU LE

MIROIR DES ENFANTS.

CHAPITRE Ier.

PETIT CLAUDE.

Mes bons pe-tits a-mis, puis-que vous a-vez é-té a-tten-tifs aux le-çons de vo-tre maî-tre, que vous a-vez bien re-te-nu vos let-tres et que vous co-mmen-cez à li-re, je puis vous ra-con-ter l'his-toi-re d'un tout pe-tit en-fant, né co-mme vous, dans u-ne po-si-tion mo-des-te, qu'-il sut ren-dre heu-reu-se et ho-no-rée.

I-mi-tez, mes chers

en-fants, les bons ex-em-ples, sui-vez les bons con-seils. Par là, vous de-vien-drez vous-mê-mes bons et sa-ges, u-ti-les à vo-tre fa-mill-e et à vo-tre pays. Vous se-rez bé-ni de Di-eu et es-ti-més des ho-mmes.

La vie des gens de bien est le mi-roir qui doit nous mon-trer co-

mment nous de-vons vi-
vre.

Pe-tit Clau-de é-tait
co-mme vous en-fant,
du vi-lla-ge. Son pè-re,
ho-nnê-te vi-gne-ron, a-
vait pour tou-te for-tu-
ne deux bons bras et
u-ne ré-pu-ta-tion par-
fai-te. Il é-tait re-cher-
ché par les meill-eurs
maî-tres qui le pay-aient

bien. Il ne fai-sait ja-mais de dé-pen-ses i-nu-ti-les, n'a-llait ja-mais au ca-ba-ret et son trai-vail, a-vec ce-lui de sa femm-e, su-ffi-sait pour pay-er ré-gu-li-è-re-ment son loy-er, nou-rrir ses deux en-fants et fai-re ho-nneur à tou-tes ses a-ffai-res.

Dès l'â-ge de deux ans,

pe-tit Clau-de ne man-
quait pas d'a-ccou-rir
pré-sen-ter son front au
bai - ser de son pè - re,
quand ce-lui-ci re-ve-
nait le soir de cul-ti-ver
sa vi-gne. En a-tten-dant
le sou-per, il mon-tait
sur ses ge-noux, pa-ssait
ses pe-ti-tes mains dans
sa bar - be et ses che-
veux, le com-blait de ca-

res-ses, et le pè-re é-tait heu-reux ; il ou-bli-ait les fa-ti-gues de la jour-née sous les té-moi-gna-ges d'a-ffec-tion que lui pro-di-guait son bon pe-tit en-fant.

CHAPITRE II.

PETIT CLAUDE PERD SON PÈRE.

Le pè-re de Pe-tit Clau-

de se do-nnait de gran
des fa-ti-gues. Un jour
de for-te cha-leur, par
u-ne im-pru-den-ce trop
co-mmu-ne à nos cul-ti-
va-teurs, il a-vait pris,
cou-vert de su-eur, son
re-pas du mi-di, à l'om-
bre d'un noy-er puis a-
vait fait son pe-tit so-
mme é-ten-du sur la ter-
re. Il se ré-veill-a bien-

tôt tout re-froi-di, la tê-
te em-ba-rra-ssée ; il
a-che-va pour-tant sa
jour-née, mais pé-ni-ble-
ment. Le soir, son a-ppé-
tit or-di-nai-re lui fit dé-
faut ; il se cou-cha de bo-
nne heu-re. La nuit, la fi-
è-vre se dé-cla-ra. U-ne
lon-gue ma-la-die le re-
tint à la mai-son et au lit.
Le dé-faut de tra-vail et le

sur-croît de dé-pen-ses
a-me-nér-ent bien-tôt la
gê-ne dans la fa-mill-e,
et pour com-ble de ma-
lheur le mal em-pi-ra et
tout es-poir de gué-ri-
son dis-par-ut.

Pe-tit Clau-de n'a-
llait plus au-près de ses
pe-tits ca-ma-ra-des ; il
a-vait ou-bli-é tous les
jeux de son â-ge; il se te-

naitcon-ti-nu-el le-ment
au-près du lit de son pè-
re; lui mê-me do-nnait
en mon-tant sur u-ne
chai-se, la boi-sson re-
co-mman-dée. Le pau-
vre en-fant par-lait bas,
mar-chait sans bruit sur
le bout de ses pi-eds, et
par-ta-geait la tris-tes-
se em-prein-te sur le vi-
sa-ge de sa mè-re.

Le pè-re de pe-tit Clau-de é-tait ré-si-gné ; mais quand ses yeux se por-taient sur sa femm-e et ses deux pe-tits en-fants, son cœur é-tait é-mu et de gro-sses lar-mes rou-laient le long de ses joues des-sé-chées. Il ré-pé-tait sans ces-se à son fils les meill-eurs con-seils pour l'a-ve-nir, et pe-tit

Clau-de, quoi-que bien jeu-ne en-co-re, lui ré-pon-dait en lui em-bra-ssant la main : « Oui, cher pa-pa, je veux tou-jours ê-tre bien sa-ge et ne ja-mais fai-re le moin-dre cha-grin à ma-man. »

U-ne cri-se dès long-temps re-dou-tée a-rri-va, et le pè-re mou-rut,

2

sou-te-nu par ces dou-
ces con-so-la-tions que
la re-li-gion seu-le sait
do-nner, et plein de con-
fi-an-ce dans la mi-sé-
ri-cor-de du Di-eu qu'il
a-vait con-sta-mment
ser-vi sur la terre.

CHAPITRE III.

PETIT CLAUDE CONSOLE SA MÈRE.

Pe-tit Clau-de ai-mait son pè-re ; sa per-te lui fut cru-elle. Sa pau-vre mè-re tom-ba dans un é-tat de dé-so-la-tion qui fit crain-dre pour sa vie. Pen-dant plu-si-eurs

jours elle ne prît pres-
que au-cu-ne nou-rri-
tu-re, et la nuit, pe-tit
Clau-de en-ten-dait sans
ces-se ses sou-pirs é-
tou-ffés.

Les lar-mes a-ppel-
lent les lar-mes, et le
spec-ta-cle de la dou-
leur de sa mè-re en-
tre-te-nait dans le cœur
sen-si-ble de pe-tit Clau-

de u-ne con-ti-nu-elle
tristesse. La pâ-leur et
u-ne tein-te mé-lan-co-
li-que a-vaient rem-pla-
cé sur les joues de l'en-
fant, la gai-té et les bel-
les cou-leurs de la san-
té. La mè-re le vit et
s'en é-mut; elle fit des
ef-forts pour maî-tri-ser
sa pei-ne. Que de-vien-
drai-je sans mon en-

fant, se dit-elle, quel
ma-lheur si Dieu ve-
nait en-co-re à le rap-
pe-ler à lui, ou si ma
mort le lais-sait seul au
monde. Cette pen-sée
lui don-na le cou-ra-ge
de vi-vre.

De temps en temps
pe-tit Clau-de s'a-pproc-
hait de sa mè-re, s'a-
ppuy-ait sur ses ge-

noux, la con-si-dé-rait
un ins-tant en si-len-ce,
puis il l'em-bra-ssait et
lui di-sait : Ne pleu-re
pas tant, chè-re ma-
man, je t'ai-me-rai bien,
je ne te fe-rai ja-mais
de pei-ne, et quand je
se-rai grand, je tra-
vaill-e-rai beau-coup,
beau-coup co-mme pa-
pa, et ce se-ra pour toi,

et Dieu, que tu me dis
ê-tre si bon, ne nous a-
ban-do-nne-ra pas.

Ce tri-ste é-vè-ne-
ment a-vait mû-ri l'en-
fant. La ré-flex-i-on chez
lui a-vait de-van-cé les
a-nnées ; il a-gi-ssait en
tout a-vec u-ne dé-li-
ca-tes-se ad-mi-ra-ble
et sa mè-re bé-ni-ssait
Dieu de lui a-voir do-

nné u-ne si gran-de con-so-la-ti-on au mi-li-eu de la plus gran-de é-preuve de sa vie.

CHAPITRE IV.

PETIT CLAUDE FAIT SA PRIÈRE.

Pe-tit Clau-de ve-nait d'a-che-ver sa cin-qui-è-me a-nnée. C'é-tait dé-

jà le mo-ment de s'in-
strui-re. Fi-dè-le aux
re-co-mman-da-tions
de sa mè-re, et sans a-
tten-dre qu'elle vint l'a-
ppe-ler, il se le-vait ex-
ac-te-ment à six heu-
res du ma-tin, pre-nait
de l'eau bé-ni-te, se
met-tait à ge-noux de-
vant u-ne pe-ti-te i-ma-
ge de la sain-te Vi-er-ge,

co-llée au mur, fai-sait dé-vo-te-ment le si-gne de la croix, et ré-ci-tait l'O-rai-son do-mi-ni-ca-le, la Sa-lu-ta-tion an-gé-li-que, le Sym-bo-le des A-pô-tres, la Con-fes-si-on des pé-chés, les Co-mman-de-ments de Dieu, les Ac-tes de

Foi, d'Es-pé-ran-ce, de Cha-ri-té et de Con-tri-tion , puis l'An-ge-lus, et il ne man-quait pas d'a-jou-ter : « Mon Dieu, a-ccor-dez-moi l'i-nno-cen-ce et la sa-ges-se , puis-qu'il n'y a de bo-nheur que pour ce-lui qui est sa-ge et bon. E-loi-gnez de moi la pen-sée du mal, a-fin que j'ob-ser-ve tou-jours les le-çons de mon pè-re, et que ma mè-re soit heu-reu-se. Que je sois bon pour tout le mon-de et que per-so-nne ne se plai-gne de moi. A-ccor-dez auprès de vous, à mon pè-re, re-pos et bo-nheur. A-dou-ci-ssez les cha-grins de ma bo-nne mè-re, que vos bé-né-dic-ti-ons ren-dent ses pei-nes lé-gè-res, con-ser-vez-lui la san-té : ver-sez au-ssi vos dons sur ma pe-ti-te sœur, a-fin qu'a-près cet-te vie nous so-yons tous heu-reux dans vo-tre de-meu-re é-ter-nelle. »

C'est ain-si que pri-ait l'en-fant, et u-ne

gran-de joi se ré-pan-dait dans son cœur et il se sen-tait heu-reux et sa pe-ti-te fi-gu-re é-tait tou-te plei-ne de beau-té et de sé-ré-ni-té.

CHAPITRE V.

PETIT CLAUDE AIDE SA MÈRE.

Sa pri-è-re é-tant fai-te, pe-tit Clau-de a-rran-geait lui-mê-me son pe-tit lit, ba-lay-ait son ca-bi-net, bro-ssait ses sou-li-ers, pei-gnait ses che-veux, se la-vait la fi-gu-re et les mains, puis a-llait tout jo-yeux pré-sen-ter son front au bai-ser de sa mè-re.

Tout au-ssi-tôt il o-ffrait ses ser-vi-ces se-lon ses for-ces et son â-ge : a-llait cher-cher de l'eau à la fon-tai-ne voi-si-ne dans un pe-tit va-se, a-ppor-tait le bois, fai-sait les commi - ssi - ons chez les voi-si-nes, puis ha-bill-àit lui-mê-me sa toü-te pe-ti-te sœur, la gen-till-e Za-beth, â-gée de deux ans de moins que lui.

Pe-tit Clau-de é-tait char-gé, sous la sur-veill-an-ce de sa mè-re de soi-gner u-ne chè-vre qui leur four-ni-ssait le lait ; cha - que ma - tin donc, il lui do-nnait la nou - rri - tu - re né - ces-sai - re. En-fin pe - tit Clau - de dé-jeû-nait a-vec sa mè-re et sa sœur, car l'heu-re de la cla-sse a-ppro-chait.

CHAPITRE VI.

PETIT CLAUDE VA EN CLASSE.

La cla - sse so - nne. Sans re - tard pe - tit Clau-de em-bra-sse sa mè-re et part ; il por-te ses li-vres d'u-ne main et de l'au-tre il con-duit sa bo-nne Za-beth

qui est co-mme lui, vê-
tue a-vec u-ne gran-de
sim-pli-ci-té et u-ne re-
mar-qua-ble pro-pre-té.
Il sa-lue po-li-ment les
per-so-nnes qu'il ren-
con-tre ; il ne s'a-rrê-te
ni ne s'a-mu-se ; il ne
lan- ce pas, co - mme
les pe-tits po-li-ssons,
des pi-e-rres aux a-ni-
maux et moins en-co-re

à ses ca-ma-ra-des. Il voit le vi-gne-ron et le la-bou-reur qui se ren-dent à leurs tra-vaux, leurs ou-tils à la main ; il en-tend le mar-teau du for-ge-ron qui re-ten-tit sur l'en-clu-me, le bruit de la scie du men-ui-si-er, le chant du cor-do-nni-er qui bat la se-melle. Les bes-ti-

aux qui-ttant l'é-ta-ble
s'en vont au pâ-tu-ra-
ge. Les bœufs et les
che-vaux traî-nent la
cha-rrue et la her-se;
les oi-seaux vol-ti-gent
pour ra-ma-sser leur
nou-rri-tu-re, ils em-
por-tent le brin d'her-be
de la prai-rie, ou la lai-
ne que la dou-ce bre-
bis a lai-ssée en pa-

ssant aux bui-ssons du che-min, et ils en font le nid où re-po-se-ra mo-lle-ment la jeu-ne cou-vée.

L'a-beill-e re-cueill-e, sur les fleurs, la ci-re pour bâ-tir sa mai-son, et le mi-el pour sa pro-vi-si-on d'hi-ver et la nou-rri-tu-re de son jeu-ne es-saim.

La pré-voy-an-te four-mi s'a-gi-te a-vec em-pres-se-ment, elle creu-se la ter-re et a-mon-celle dans ses ma-ga-sins de pe-tits dé-bris, les ca-da-vres de pe-tits in-sec-tes, les grai-nes qu'elle ai-me, pour se met-tre à l'a-bri de la faim, du froid et de l'enn-e-mi.

La ché-ti-ve a-rai-gnée fi-le sa toi-le qu'el-le tend co-mme un fi-let pour a-ttra-per sa proie et vi-vre de sa cha-sse.

Tout dans la na-tu-re s'a-gi-te et tra-vaill-e; la pe-ti-te fleur elle-mê-me pom-pe les sucs de la ter-re pour for-ti-fi-er sa ti-ge et é-

ta-ler ses bel-les cou-
leurs.

L'à-me de pe-tit Clau-
de per-çoit tou-tes ces
cho-ses sans sa-voir en-
co-re s'en ren-dre comp-
te ; mais il sent que lui
au-ssi doit tra-vaill-er
pour fai-re la vo-lon-té
de Dieu, pour s'ins-
trui-re, pour en-tre-te-
nir son ac-ti-vi-té, pour

sou-la-ger sa mè-re et
ai-der sa pe-ti-te sœur,
pour se ren-dre u-ti-le
un jour et n'ê-tre pas
à char-ge à la so-ci-é-
té.

CHAPITRE VII.

PETIT CLAUDE ARRIVE EN CLASSE

Les en-fants sont ar-ri-vés : le maî-tre pa-raît ; le si-len-ce se fait ; tous se dé-cou-vrent. La voix dou-ce et re-cueill-ie d'un enfant se fait en-ten-dre : c'est pe-tit Clau-de qui ay-ant cet-te se-mai-ne, co-mme pres-que tou-jours, la croix d'ho-nneur de la cla-sse, ré-ci-te la pri-è-re à hau-te voix pen-dant que les au-tres la ré-pè-tent tout bas. « Mon Dieu, vous a-vez dit : Lai-ssez les pe-tits en-fants ve-nir à moi. Les en-

fants ve-nus, vous les
em-bra-ssi-ez et vous
les bé-ni-ssi-ez et vous
dé-cla-ri-ez que le roy-
au - me des ci-eux a-
ppar-tient à ceux qui
leur res-sem-blent. Fai-
tes - nous la grâ-ce, ô
bon Jé-sus, d'ê-tre du
nom-bre de ces mo-dè-
les d'i-nno-cen-ce. Quoi-
que nous soy-ons fai-

bles, pe-tits et pau-vres, vous ai-mez à vous oc-cu-per de nous. Vous veill-ez sur nous dès no-tre ber-ceau, co-mme sur la plus pe-ti-te plan-te à la-quelle vous do-nnez la cha-leur de vo-tre so-leil et l'hu-mi-di-té de vo-tre ro-sée. Et le jour et la nuit vous é-ten-dez sur nous tous vo-tre main pro-tec-tri-ce. Que nous n'ay-ons point à rou-gir de-vant vous, Sei-gneur, de no-tre pa-res-se et de no-tre in-gra-ti-tu-de. Nous ne vous voy-ons pas ici, mais vous nous vo-yez ; vous êtes ca-ché, mais vous êtes pré-sent co-mme le so-leil qui nous é-clai-re quoi-

que voi-lé par un nu-a-
ge. Ren-dez-nous ver-
tu-eux, ou-vrez nos in-
tel-li-gen-ces, don-nez
la cons-tan-ce dans le
tra-vail, afin que nous
ren-di-ons heu-reux no-
tre maî-tre et nos pa-
rents par nos pro-grès
et no-tre bo-nne con-
dui-te et que nous soy-
ons di-gnes de vous ai-

mer et di-gnes de vo-
tre a-mour. Au nom du
Pè-re, et du Fils, et du
Saint-Es-prit, ain-si
soit-il.

CHAPITRE VIII.

PETIT CLAUDE TRAVAIL EN CLASSE.

Tous les é-lè-ves sont a-ssis et gar-dent un pro-fond si-len-ce, on n'en-tend ni chu-cho-tte-ment, ni mou-ve-ment de pieds, ni froi-sse-ment de pa-piers,

ni bruit quel-con-que.
La dis-ci-pli-ne est ri-
gou-reu-se-ment ob-
ser-vée. Le bon ex-em-
ple do-nné par pe-tit
Clau-de a sin-gu-li-è-
re-ment con-tri-bué à
ce bon é-tat de la cla-
sse qu'on si-gna-le co-
mme un mo-dè-le. La
pri-è-re fi-nie, pe-tit
Clau-de ou-vre son li-

vre sans re-tard ; il ne s'o-ccu-pe pas de ce que font les au-tres ; il é-tu-die a-tten-ti-ve-ment sa le-çon et lit tous bas, bien bas, pour ne pas trou-bler ses voi-sins. Il ne se cou-che pas sur son li-vre, il n'y a-ppuie pas ses cou-des ; il sait bien qu'en a-gi-ssant ainsi il le dé-chi-re-rait et o-cca-si-o-nne-rait u-ne dé-pen-se qui se-rait un sur-croit de char-ge pour sa mè-re.

Pe-tit Clau-de é-crit, mais il é-crit len-te-ment, con-si-dè-re son mo-dè-le avec a-tten-tion et s'ef-for-ce de le re-pro-dui-re ex-ac-te-ment. Son ca-hier n'est ja-mais froi-ssé; on ne voit d'en-cre ni sur ses pa-ges d'é-cri-tu-re, ni sur ses li-vres, ni sur ses doigts, ni mê-me sur ses plu-mes qu'il a soin d'es-suy-er pro-pre-ment quand il s'en est ser-vi.

Quand le maî-tre do-nne u-ne ex-pli-ca-tion il l'é-cou-te at-ten-ti-ve-ment et s'il ne com-

prend pas, il fait lui-
mê-me des ques-tions
pour s'é-clai-rer.

Au-ssi pe-tit Clau-de
fait des pro-grès ra-pi-
des. Quand M. le Cu-ré
et quel-que ins-pec-teur
vi-en-nent vi-si-ter la
cla-sse, pe-tit Clau-de
est tou-jours re-mar-
qué ; c'est tou-jours à lui
que s'a-dres-sent les

com-pli-ments les plus fla-tteurs, et quand à la fin de l'a-nnée se fait la dis-tri-bu-tion des ré-com-pen-ses, il s'en va char-gé de prix et de cou-ro-nnes, et sa mè-re est heu-reu-se et elle l'em-bra-sse en pleu-rant de joie et lui mê-me est bien heu-reux du bo-nheur de sa mè-re.

CHAPITRE IX.

PETIT CLAUDE AVEC SA SŒUR.

Pen-dant que sa mè-re é-tait au tra-vail pe-tit Clau-de vei-llait sur sa sœur a-vec u-ne con-ti-nu-el-le so-lli-ci-tu-de. « Ne t'a-ppro-che pas trop du bord de l'eau, lui di-sait-il, tu pou-rrais y tomber ; et je n'au-rais plus de pe-ti-te sœur à ai-mer. » Il a-vait soin que le feu ne fut pas à sa por-tée ; quand le bé-tail a-llait dans la prai-rie ou re-ve-nait à l'é-ta-ble, il re-te-nait Za-beth à la mai-son ou bien il s'armait d'un bâ-ton pour la dé-fen-dre con-tre la cor-ne des va-ches et des bé-li-ers. Ja-mais il ne la lais-sait seu-le sur le che-min, ex-po-sée à ê-tre é-cra-sée sous les pieds des che-vaux ou la roue des voi-tu-res.

Il la me-nait à l'é-co-le et la ra-me-nait la te-nant par la main, et

por-tant les li-vres et le
pe-tit goû-ter.

Plu - sieurs fois cha -
que jours, il lui la-vait
les mains et Za - beth,
co-mme son frè-re, é-
tait tou-jours pro-pre et
a - gré - a - ble ; elle l'ai-
mait co-mme elle-mê-
me et lui o - bé - i - ssait
co - mme à sa mè - re.
C'est lui-mê-me qui lui

a-ppre-nait ses le-çons
et l'un et l'au-tre trou-
vaient tou-jours en-tre
les cla-sses quel-ques
ins-tants, pour ré-pé-ter
la le-çon pré-cé-den-te
et pré-pa-rer la le-çon
qui de-vait sui-vre. Ce
moy-en con-tri-bu-ait
beau-coup à leur do-
nner de la su-pé-ri-o
ri-té sur les autres.

On les voy-ait sou-
vent s'a-mu-ser en-sem-
ble sans ja-mais é-le-
ver la moin-dre que-
relle et leur mè-re s'a-
pplau-di-ssait gran-de-
ment des bo-nnes dis-
po-si-tions de ses deux
en-fants.

CHAPITRE X.

PETIT CLAÚDE AVEC SES CAMARADES.

Ce qui re-lè-ve le mé-ri-te de Pe-tit Clau-de, c'est sa mo-des-tie et ses pré-ve-nan-ces a-vec ses ca-ma-ra-des. Il se mé-co-nnait lui-mê-

me et il fait tou-te cho-
se a-vec tant de sim-pli-
ci-té qu'il est tout é-to-
nné dès é-lo-ges qu'on
lui a-dres-se.

Si un de ses con-dis-ci-
ples é-prou-ve des di-ffi-
cul-tés, il lui ai-de, fait
le tra-vail pour lui et
a-vec lui et tout ce-la
sans la moin-dre pré-
ten-tion, mais a-vec u-

ne dé-li-ca-tes-se char-
man-te et na-tu-rell-e.
Et quand on le re-mer-
cie : Tu le fe-rais pour
moi, dit-il, et tu m'ai-de-
ras quand je se-rai em-
ba-rra-ssé, par-tant qui-
tte.

La dis-tri-bu-tion des
prix a-ppro-chait. La
com-po-si-tion en or-
tho-gra-phe a-vait lieu.

Jean Gra-bu-che, voi-sin de pe-tit Clau-de, n'a-vait d'es-poir que sur ce prix ; mais ne pou-vant vain-cre les di-ffi-cul-tés qu'il ren-con-tre, il se dé-pi-te et il pleu-re en pen-sant à sa mè-re : « Je ne pou-rrai lui pré-sen-ter u-ne seu-le cou-ro-nne, dit-il, et elle se-ra honteu-se de moi. » Et ses lar-mes cou-laient plus a-bon-dan-tes.

Pe-tit Clau-de voy-ant ce-la a-vait fait des ef-forts pour i-mi-ter sur sa co-pie d'é-cri-tu-re de Jean Gra-bu-che. Tiens, Jean, lui dit-il en se-cret, je crois a-voir bien ré-u-ssi, si-gne mon tra-vail de ton nom, et do-nne moi le tien que je si-gne-rai moi-mê-me. Jean hé-si-te un ins-tant. puis il ac-cep-te en si-len-ce l'é-chan-ge pro-po-sé. Le mo-ment de la dis-tri-bu-tion ve-nu, le maî-tre pro-cla-ma les vain-queurs: « Or-tho-gra-phe, pre-mièr prix ga-gné par la com-po si-tion hors li-gne et sans fau-te de Jean Gra-bu-che... Jean Gra-bu-che ne se pré-sen-tait pas. A-ppe-lé de nou-veau, il s'a- van-ce sur le thé-â-tre, mais em-ba-rra-ssé et a-vec un a-spect de tris-te-sse qui fra-ppe tous les re-gards. Au mo-ment de re-ce-voir sa cou-ro-nne, il bai-sse les yeux, rou-git et se prend à pleu-rer, puis il s'é-crie tout-à-coup : « Non, je ne puis la re-ce-voir, elle ne m'a-ppar-tient pas. J'ai eu la fai-bles-se d'ac-cep-ter la co-pie de pe-tit Clau-de : C'est à lui qu'ad-vi-ennent les é-lo-ges et le prix. Pe-tit Clau-de, a-ppe-lé sur le thé-â-tre, su-ppli-ait de do-nner le prix à son a-mi mal-heu-reux. Tout fut dé-cou-vert et cet ac-te de gé-né-reu-se dé-li-ca-tes-se fit cou-ler plus d'u-ne lar-me d'a-tten-dri-sse-ment. Des ap-plau-di-sse-ments en-thou-si-as-tes é-cla-tè-rent de tou-tes parts.

La con-dui-te de pe-
tit Clau-de fut ad-mi-
rée des gens de son vi-
lla-ge, et on le ci-tait
par-tout dans les lieux
d'a-len-tour.

CHAPITRE XI.

BONTÉ DE PETIT CLAUDE ENVERS JACOTIN.

Ja-co-tin é-tait du mê-me à-ge que pe-tit Clau-de ; leurs ha-bi-ta-tions é-taient voi-si-nes.

Quoi-que jeu-ne en-co-re, le pau-vre Ja-co-

tin a-vait eu dé-jà bien
des re-vers et bien des
cha - grins. Sa lai - deur
tour - nait au gro - tes-
que : un de ses yeux é-
tait dé-me-su-ré-ment
ou-vert et l'au-tre pres-
que fer-mé ; co-mme sa
mè-re trop peu sou-ci-
eu-se l'a-vait a-ban-do-
nné dès son ber - ceau
tou-te la jour-née, il é-

tait tom-bé dans le feu,
et il con-ser-vait u-ne
ho-rri-ble ci-ca-tri-ce à
la ma-choi-re in-fé-ri-
eu-re. par sui-te de la
mal-pro-pre-té dans la-
quelle il a-vait pa-ssé ses
pre-mi-è-res a-nnées,
u-ne de ses jam-bes s'é-
tait cou-ver-te d'ul-cè-
res, n'a-vait plus pris
d'a-ccroi-sse-ment et le

pau-vre en-fant é-tait boi-teux.

Son a-spect peu a-gré-a-ble lui a-tti-rait for-ce mau-vais trai-te-ments, mê-me dans sa fa-mille ; ses ca-ma-ra-des en fai-saient leur jou-et, et par sui-te de ses ré-pul-si-ons, Ja-co-tin a-vait con-trac-té u-ne hu-meur di-ffi-ci-le ;

il a-vait pris le mon-de
en hai - ne et se mon-
trait peu ai-ma-ble ; et
ce-pen-dant il a-vait un
bon cœur.

Pe-tit Clau-de a-vait
pui-sé dans sa bo-nne
na-tu-re un vé-ri-ta-ble
a-tta-che-ment pour cet
ê-tre si dis-gra-ci-é. Il
a-llait sans ces-se au-
près de l'in-for-tu-né

Ja-co-tin, le pre-nait
par le bras, se pro-me-
nait a-vec lui, lui a-
dres-sait de bo-nnes pa-
ro-les et lui pro-po-
sait de jou-er en-sem-
ble.

Quand les au-tres en-
fants cher-chaient que-
relle à Ja-co-tin pe-tit
Clau-de les re-pre-nait
et dé-fen-dait son a-mi :

« Lais-sez-le en re-pos, di-sait-il ; n'est-il pas dé-jà a-ssez mal-heu-reux ? Il est du res-te si bon ! » Pour ne pas con-tra-ri-er pe-tit Clau-de on lai-ssait Ja-co-tin en re-pos.

Quand Ja-co-tin é-tait tris-te et pleu-rant, pe-tit Clau-de lui di-sait des cho-ses bo-nnes et

ai-man-tes, il l'em-bra-
ssait, et la fi-gu-re ai-
grie de ce mal-heu-
reux re-pre-nait u-ne
ex-pres-si-on de cal-me
et de dou-ceur et la joie
re-ve-nait dans son
cœur. — Que tu es bon,
pe-tit Clau-de, lui di-
sait-il, si tous te re-
ssem-blaient, la vie se
rait bien bel-le en ce

mon-de et je ne sou-hai-te-rais plus de mou-rir. Toi, tu dois te trou-ver heu-reux, ja-mais on ne t'a-tta-que, tes ca-ma-ra-des te res-pec-tent, ta mè-re t'ai-me... Hé-las! pour moi, nu-lle pa-ro-le dou-ce, nu-lle mar-que d'a-ffec-tion, nul sou-ri-re; je n'ai que toi, toi seul

pour m'ai-der a su-ppor-
ter ma tri-ste ex-is-ten-
ce. — Cou-ra-ge, lui ré-
pon-dait pe-tit Clau-de,
je t'ai-me-rai tou-jours,
je te dé-fen-drai tou-
jours; je co-nnais ton
ex-cell-ent cœur et tu
vaux mieux que tant
d'au-tres! Et les deux
a-mis se serr-aient la
main et les lar-mes é-

taient dans leurs yeux.

CHAPITRE XII.

PETIT CLAUDE ET PIERRE LEGRINCHE.

La ver-tu de pe-tit Clau-de lui a-vait ac-quis sur ses con-dis-ci-ples un vé-ri-ta-ble as-cen-dant : on lui or-do-nnait d'ê-tre tou-jours le

pre-mi-er de sa cla-sse
et d'a-voir tou-jours la
plus lar-ge part des é-
lo-ges et des prix.

Quand ses con-dis-ci-
ples a-vaient quel-que
dé-mê-lé dans leurs
jeux : Tiens, pe-tit Clau-
de, di-saient-ils, dé-ci-
de le-quel a tort ou rai-
son ; pe-tit Clau-de do-
nnait son a-vis et l'a-

ffai-re é-tait a-rran-gée.

Un jour ce-pen-dant Pi - er-re Le-grin-che, es-prit har-gneux, tou-jours dis - po - sé au com-bat, s'ir-ri-ta d'a-voir été con-da-mné dans u-ne que-relle où il a-vait mi-lle fois tort; il dit des pa-ro-les in-ju-ri-eu-ses a pe-tit Clau-de et lui do-nna un vi-gou-reux sou-fflet.

L'ins-ti-tu-teur, qui ne per-dait ja-mais de vue ses é-lè-ves, mê-me dans leurs jeux, a-vait tout vu, tout en-ten-du; il con-dam-na Pi-er-re Le-grin-che à res-ter en cla-sse pen-dant tout le jour.

Pe-tit Clau-de fut plus tris-te du châ-ti-ment

de son ad-ver-sai-re que
de l'o-ffen-se qu'il en
a-vait re-çue. Il im-plo-
ra o-pi-ni-â-tre-ment
son par-don. « J'ai eu
tort de me mê-ler de sa
que-relle, di-sait-il, je
ne suis pas son ju-ge. »
Le maî-tre cé-da et gra-
ci-a le cou-pa-ble, Mais
les é-lè-ves pro-mi-rent
de ne plus jou-er a-vec

Pi-er-re Le-grin-che par-ce qu'il a-vait fra-ppé pe-tit Clau-de. Ce-lui-ci s'ef-for-ça d'ob-te-nir en-co-re le par-don. Non, lui ré-pon-di-rent-ils, nous ne vou-lons plus de lui. Vois-tu, pe-tit Clau-de, nous lui par-do-nnons bien de nous fai-re des so-tti-ses; mais te do-nner un sou-fflet a toi, tou-jours si bon par-ti-cu-li-è-re-ment pour lui ! non ! Il faut qu'il s'en rap-pel-le !

Les en-fants tin-rent bon. Pen-dant huit jours Pi-er-re Le-grin-che fut re-pou-ssé par eux. Un seul s'é-cha-ppait de temps en temps pour a-ller jou-er joy-eu-se-ment a-vec lui, c'é-tait pe-tit Clau-de.

CHAPITRE XIII.

AMITIÉ ENTRE PETIT CLAU-DE et PIERRE LEGRINCHE.

La se-mai-ne d'a-rrêt é-cou-lée, petit Clau-de ob-tint de ses ca-ma-ra-des le par-don du pau-vre ex-i-lé.

Pi-er-re Le-grin-che, qui a-vait au fond un ex-cel-lent cœur fut vi-ve-ment tou-ché du dé-voue-ment de pe-tit Clau-de, au-ssi il s'a-tta-cha sin-cè-re-ment à ce bon pe-tit garçon.

La fa-mi-lle de Pi-er-re Le-grin-che ha-bi-tait à l'ex-tré-mi-té du vi-lla-ge, sur le bord d'une ri-vi-è-re poi-sso-nneu-se, un char-mant mou-lin. Cet-te ha-bi-ta-ti-on, pla-cée au cen-tre d'une vas-te prai-rie, en-tou-rée d'une haie vi-ve, a-vait au-ssi un beau jar-din. Le pè-re de Pi-er-re Le-grin-che a-vait pro-cu-ré du tra-vail chez lui à la mè-re de pe-tit Clau-de ; elle é-tait con-sta-mment oc-cu-pée aux soins de la mai-son ; el-le ha-bi-tait mê-me a-vec son en-fant la mai-son de son bien-fai-teur. Pe-tit Clau-de et Pi-er-re pa-ssaient tou-tes leurs jour-nées en-sem-ble ; ils par-ta-geaient leur plai-sir co-mme leurs pei-nes. Pi-er-re, de-ve-nu la-bo-rieux à cô-té de son a-mi, fai-sait co-mme lui des pro-grès ra-pi-des. Dé-jà son ex-cel-lent maî-tre, qui co-nnai-ssait la po-si-tion ai-sée de ses pa-rents, a-vait dit à son pè-re s'il vou-lait lui fai-re do-nner u-ne in-struc-tion plus com-plè-te il fau-drait le met-tre dans u-ne pen-si-on à la vi-lle.

Pe-tit Clau-de, à cet-te nou-vel-le, pleu-ra a-mè-re-ment, sans pour-tant do-nner le su-jet de ses lar-mes ; sur-pris un jour par Pi-er-re Le-grin-che, au mo-ment où il se li-vrait à son cha-grin, pe-tit Clau-de lui a vou-a que son pro-chain dé-part é-tait seul cau-se de son tour-ment.

Beaune. — Imprimerie BATAULT-MOROT

SEPT MAGNIFIQUES ESTAMPES

D'APRÈS LES DESSINS DE L. HALLEZ

GRAVÉES SUR ACIER PAR LES MEILLEURS ARTISTES

1º NAISSANCE DE N.-S. JÉSUS-CHRIST.

2º N.-S. JÉSUS-CHRIST SUR LA CROIX.

3º RÉSURRECTION DE N.-S. JÉSUS-CHRIST.

4º DESCENTE DU SAINT-ESPRIT SUR LES APOTRES.

5º INSTITUTION DE L'EUCHARISTIE.

6º COURONNEMENT DE LA SAINTE VIERGE.

7º LES SAINTS DANS LA GLOIRE.

Chaque estampe, de 29 centimètres de hauteur sur 19 de largeur, est imprimée sur très-beau papier, avec grandes marges.

Une ample explication de tous les détails que présentent les compositions accompagne les gravures en forme de texte.

PRIX DE CHAQUE ESTAMPE : 4 FRANCS

Chaque collection est renfermée dans un portefeuille

SOUVENIR DE PREMIÈRE COMMUNION

POUR LES JEUNES GENS ET POUR LES JEUNES FILLES

Deux très-belles gravures de Fr. Ludy (de Düsseldorf), d'après L. Hallez

(22 centimètres de hauteur sur 14 de largeur)

PRIX DE CHAQUE SUJET.

Épreuve sur beau papier, grandes marges. . . . . . . » 50

LIVRES DE FONDS.

Histoire de la ville de Beaune, depuis les temps les plus reculés jusqu'à nos jours, par Rossignol. 1 vol. in-8º.   12 fr.

Arithmétique (Abrégé d') à l'usage des écoles primaires, 1 vol. in 18. Cart.   40 c.

Petite Arithmétique à l'usage des écoles des campagnes, 3e édition.   40 c

Catéchisme historique contenant en abrégé l'Histoire sainte et la Doctrine chrétienne, par Fleury. Nouvelle éditeur, 1 vol. in-18, cartonné.   35 c.

Nouvelle Méthode de Lecture par une réunion d'instituteurs, divisé en deux parties : chaque partie.   10 c.

Examen de Conscience, a l'usage de la jeunesse.   10 c.

LITURGIE ROMAINE

LIVRES DE CHANT

PAROISSIENS A L'USAGE DU DIOCÈSE

Livres d'Offices, — usages, etc.

V